Babymützen

Hatte ich jemals so einen schönen Anlass zum Nähen? Nein!
Bestimmt geht es auch Ihnen so, dass Sie sich freuen, wenn Sie,
für das eigene Kind, Enkelkinder oder Freunde, Ihre ganz eigene
Babymütze hervorzaubern können. Denn was könnte ein will-
kommeneres und praktischeres Geschenk sein? Und dann
eines mit Ihrer eigenen persönlichen Note! Die Kleinen sollen
ja nie „unbehütet" sein! Hier finden Sie viele niedliche und
schicke Modelle, die Babys und Kleinkinder vor Kälte, Sonne,
Wind und Zugluft schützen werden.

Wie oft ist es mir schon passiert, dass mir und meiner kleinen Tochter die Auswahl unter den
farbenfrohen, fröhlichen Mützen schwer gefallen ist. Da wird das morgendliche Anziehen
ein Bummel durch die Welt der Formen und Farben.

Viele von ihnen sind nicht nur im Handumdrehen genäht, sondern auch dank des geringen
Stoffverbrauchs wunderbar für die Verwertung von schönen Resten und kleinen Stoff-
schätzen geeignet. Also los geht's und viel Freude am Nähen und Ausprobieren!

Ihre

Cecilia Hanselmann

Gar nicht giftig

Lustiger Pilzhut • 6 bis 12 Monate • Vorlage 11A und 11B sowie Zuschneideplan 11C auf Bogen B

Material:
- 55 x 110 cm Baumdruckwollstoff in Türkis
- 30 x 40 cm dünne, aufbügelbare Einlage

Zuschneiden

Siehe auch Zuschneideplan auf Bogen B.

Aus Baumwollstoff:
- Kopfteil A: 8-mal
- Krempe B: 2-mal im Stoffbruch
- 2 Rüschenstreifen à 6,5 x 70 cm
- 2 Kinnbänder à 4 x 30 cm

Aus Einlage:
- Krempe B: 1-mal im Stoffbruch

So wird's gemacht

Für die Krone jeweils zwei Kopfteile rechts auf rechts legen und an einer Seitenkante zusammennähen, die Nahtzugaben zusammengefasst versäubern und in eine Richtung bügeln, dann von der rechten Seite knappkantig neben der Naht feststeppen.

Anschließend jeweils 2 Kronenhälften rechts auf rechts legen und die Mittelnaht schließen, jedoch an der 2. Krone (= Futter) in einer der Nähte eine ca. 5 cm lange Wendeöffnung lassen. Mit den Nahtzugaben genauso verfahren wie zuvor.

Auf die linke Seite einer Krempe Einlage aufbügeln. An den Krempenzuschnitten jeweils die geraden Kanten (= rückwärtige Mitten) rechts auf rechts zusammennähen, sodass 2 Ringe entstehen. Die Nahtzugaben auseinanderbügeln.

Die Zuschnitte für die Rüsche rechts auf rechts aufeinanderlegen und jeweils die kurzen Seiten zusammennähen (= zum Ring schließen). Die Nahtzugaben auseinanderbügeln. Nun der Länge nach falten und bügeln, sodass die Längskanten aufeinanderliegen. Diese Kante auf ca. 70 cm Umfang einkräuseln, siehe Seite 48.

Die Rüsche rechts auf rechts auf die Außenkante eines Krempenteils legen und ca. 0,75 cm (füßchenbreit) von der Kante entfernt aufnähen. Die Rüsche zeigt dabei in den Kreis hinein, die Kanten sind bündig. Die Krempenzuschnitte rechts auf rechts legen und an der Außenkante ringsum zusammennähen. Die Nahtzugaben einschneiden. Die Krempe auf rechts wenden und bügeln. Die Außenkante füßchenbreit absteppen.

Die Krempe glatt streichen und die Innenkanten mit einem schmalen Zickzackstich innerhalb der Nahtzugabe aufeinandernähen.

Die Krempe rechts auf rechts ringsum das äußere Kopfteil stecken, dabei trifft die Krempennaht auf eine Naht des Kopfteils, und zusammennähen.

Kinnbänder anfertigen, siehe Seite 46. Die Kinnbänder jeweils unter 2 gegenüberliegenden Nähten des Kopfteils auf der Krempe platzieren und mit einigen Stichen fixieren (die Bänder liegen dabei auf der Krempe).

Beide Kopfteile rechts auf rechts übereinanderziehen und ringsum zusammennähen, dabei liegen Krempe und Bänder dazwischen. Den Hut durch die Wendeöffnung auf rechts wenden, bügeln und die Wendeöffnung von Hand schließen. Die Enden der Kinnbänder verknoten.

Streifenweise gute Laune

Ringelmütze • 6 bis 12 Monate • Vorlage 3 auf Bogen A

Material:
- 20 x 40 cm Baumwolljersey mit bunten Streifen
- Zwillingsnadel für Jersey

Zuschneiden
- Mützenteil: 1-mal im Stoffbruch

So wird's gemacht
Jerseystoffe immer mit einem elastischen Stich nähen, entweder mit einem leichten Zickzack-stich (Stichlänge 3, Stichbreite 1) oder mit der Overlockmaschine, dabei eine Jerseynadel ver-wenden.

Mütze entlang des Stoffbruchs rechts auf rechts falten. Die offene Seitenkante von oben (= Spitze) bis unten zusammennähen. An der gegenüberlie-genden Seite die gebogene Kante oberhalb des Stoffbruchs zusammennähen.

Nun die Mütze so falten, dass die beiden Nähte rechts auf rechts aufeinanderliegen. Die noch offenen gebogenen Kanten fortlaufend über die (mittig liegende) Naht zusammennähen. Den Saum 3 cm zur linken Seite umfalten und bügeln.

Mit der Zwillingsnadel von der rechten Seite aus und mit 2,5 cm Abstand zur Kante den Saum festnähen (Achtung! Geradstich einstellen!)

Mütze wenden und bügeln.

Anschmiegsam

Material:
- 30 x 45 cm Baumwolljersey in Pink
- 5 x 110 cm Baumwolljersey in Grau

Zuschneiden

Aus Jersey in Pink:
- Seitenteil A: 2-mal
- Mittelteil B: 1-mal

Aus Jersey in Grau:
- 1 Streifen à 25 x 3,5 cm (Einfassband)
- 1 Streifen à 80 x 3,5 cm (Bindeband)

So wird's gemacht

Jerseystoffe immer mit einem elastischen Stich nähen, entweder mit einem leichten Zickzackstich (Stichlänge 3, Stichbreite 1) oder mit der Overlockmaschine, dabei eine Jerseynadel verwenden.

Die Seitenteile an das Mittelteil nähen, die Längskanten des Mittelteils werden dabei rechts auf rechts zwischen ★ und ◆ an die gerundete Kante des Seitenteils genäht. Die Nahtzugaben auseinanderbügeln und mit einem breiten Zierstich von rechts über die Naht steppen. Die Nahtzugaben zurückschneiden.

Entlang der vorderen Kante das kurze graue Einfassband rechts auf rechts leicht gedehnt auf die Haube stecken. Beim Annähen leicht dehnen, sodass beide Teile glatt aufeinanderliegen. Die Nahtzugaben in Richtung des Einfassbandes bügeln, das Einfassband um die Kante herumlegen und nochmals bügeln. Von rechts aus das Einfassband mit einem Zierstich knappkantig festnähen.

Die Mitte des langen Einfassbandes rechts auf rechts auf die hintere Mitte der Haube stecken. Das Band fortlaufend auf die Unterkante der Haube stecken, dabei leicht dehnen. Auch beim Annähen leicht dehnen, sodass beide Teile glatt aufeinanderliegen. Die Nahtzugaben in Richtung des Einfassbandes bügeln, das Einfassband um die Kante herumlegen und nochmals bügeln. Auch die überstehenden Enden (= Bindebänder) auf die gleiche Weise bügeln. Von rechts aus das Einfassband mit einem Zierstich festnähen, dabei wird die Schnittkante des Bandes übernäht. Fortlaufend auch die Bindebänder zusammennähen.

12 bis 24 Monate

Für Draufgänger

Piratenhut • 12 bis 24 Monate • Vorlagen 20A bis 20C in Grau und Zuschneideplan 20D auf Bogen B

Material:
- 45 x 130 cm melierter Baumwollstoff in Dunkelblau
- 40 x 40 cm dünne, aufbügelbare Einlage
- 3 nähfreie Druckknöpfe, messingfarben, Ø ca. 15 mm

Zuschneiden

Aus Baumwollstoff:
- Krone A: 2-mal
- Seitenband B: 2-mal im Stoffbruch
- Krempe C: 2-mal im Stoffbruch

Aus aufbügelbarer Einlage:
- Krempe C: 1-mal im Stoffbruch

So wird's gemacht

An den Seitenbändern B jeweils die Schmalseiten rechts auf rechts aufeinanderlegen und zusammennähen, sodass 2 Ringe entstehen. Die Nahtzugaben auseinanderbügeln.

Für das Kopfteil ein Seitenband rechts auf rechts rings um eine Krone legen, die Markierungen aufeinander ausrichten, stecken und zusammennähen. Mit den beiden anderen Teilen (= Futter) genauso verfahren, jedoch eine ca. 5 cm große Wendeöffnung offen lassen.

Auf die linke Seite einer Krempe Einlage aufbügeln. Die Krempenzuschnitte rechts auf rechts legen und an der Außenkante ringsum zusammennähen. Nahtzugaben einschneiden, s. S. 46, Krempe auf rechts wenden und bügeln. Die Außenkante füßchenbreit absteppen.

Die Krempe glatt streichen und die Innenkanten mit schmalem Zickzackstich innerhalb der Nahtzugaben zusammennähen.

Die Krempe rechts auf rechts rings um das Seitenband des äußeren Kopfteils stecken und annähen. Das Futter-Kopfteil rechts auf rechts über das Kopfteil mit Krempe ziehen, dabei liegt die Krempe zwischen beiden Teilen, und ringsum zusammennähen.

Den Hut durch die Wendeöffnung auf rechts wenden, bügeln und die Wendeöffnung von Hand schließen.

Die Unterteile der Druckknöpfe wie im Schnitt eingezeichnet am Seitenband anbringen, dann die Oberteile passend dazu an der Krempe montieren.

3 bis 6
Monate

Für Muschelsucher

Material:
- 40 x 80 cm Baumwollstoff in Hellblau mit Mövenmotiven
- 7 cm Gummiband, 1 cm breit
- eventuell Schrägbandformer für 18 mm breites Band

Zuschneiden

Siehe auch Zuschneideplan 6B auf Bogen A.
- Kopfteil A: 6-mal
- Schrägband: 2 Streifen à 55 x 4 cm im schrägen Fadenlauf (insgesamt 100 x 4 cm, Streifen zusammennähen, siehe Seite 47)

So wird's gemacht

Den Schrägstreifen entweder mit dem Schrägbandformer bügeln (siehe Anleitung des Herstellers) oder in Längsrichtung links auf links zur Hälfte falten und den Bruch leicht einbügeln. Streifen wieder aufklappen, die Längsseiten beidseitig von außen zur Mittelfalte legen und bügeln.

Den Streifen an den eben gebügelten Bruchkanten (oder nach dem Bügeln mit dem Schrägbandformer) nochmals zur Hälfte legen und gut bügeln. Je 2x 2 Kopfteile rechts auf rechts legen und an einer Seitenkante zusammennähen, die Nahtzugaben zusammengefasst versäubern und in eine Richtung bügeln. Die Nahtzugaben von der rechten Seite knappkantig neben der Naht feststeppen. Jeweils ein weiteres Teil an einer Seitenkante rechts auf rechts annähen. Die Nahtzugaben versäubern und die Naht absteppen wie oben beschrieben.

Vom vorgebügelten Schrägband 7 cm abschneiden. Den mittigen Bruch auffalten und wieder herausbügeln. Die kurzen Enden des Schrägbands schmal nach links umschlagen. Das Schrägband auf der linken Seite eines der zusammengesetzten Teile wie im Schnitt eingezeichnet über einer Naht platzieren und an den Längskanten knappkantig aufnähen.

Das Gummiband durch den entstandenen Tunnel fädeln und die Gummibandenden an den Enden des Schrägbandes mit Stecknadeln und einem Überstand von 2 cm fixieren (Achtung! Das Gummiband ist kürzer als der Tunnel!)

Die Enden des Tunnels mit dem zwischengefassten Gummiband mit einem engen, schmalen Zickzackstich zunähen (Stichlänge 0,5; Stichbreite 2), dann die überstehenden Gummibandenden abschneiden.

Anschließend die beiden zusammengesetzten Teile rechts auf rechts aufeinanderlegen und an beiden Seitenkanten durchgehend zusammennähen. Mit den Nahtzugaben wieder wie beschrieben verfahren.

Die Unterkante des Huts mit Schrägband einfassen. Dafür das Schrägband auffalten und rechts auf links ringsum an die Unterkante stecken. Das Schrägband im 1. Falz ab der Hutkante von links festnähen. Anschließend das Schrägband nach außen klappen (der mittlere Falz liegt an der Hutkante, der 3. Falz über der bereits genähten Naht), stecken oder heften und knappkantig absteppen.

Tierisch gut

Pixie-Mütze • 0 bis 3 Monate • Vorlage 4 auf Bogen A

Material:
- 30 x 50 cm Interlock in Grau mit Mäuse-motiven.
- 30 x 50 cm Baumwolljersey (Futter)

Zuschneiden

Aus Interlock und Baumwolljersey jeweils:
- Seitenteil: 2-mal

So wird's gemacht

Jerseystoffe immer mit einem elastischen Stich nähen, entweder mit einem leichten Zickzackstich (Stichlänge 3, Stichbreite 1) oder mit der Overlock-maschine, dabei eine Jerseynadel verwenden. Beide Seitenteile aus Interlock rechts auf rechts legen und von ★ bis ★ zusammennähen, die untere Kante bleibt offen.

Mit den Zuschnitten aus Jersey genauso verfahren, hier jedoch eine Wendeöffnung von ca. 5 cm offen lassen.

Futter und Oberstoff rechts auf rechts übereinan-derziehen und die Unterkanten rundum zusam-mennähen. Durch die Wendeöffnung wenden, bügeln, die Wendeöffnung von Hand schließen.

Ringsum knappkantig von der rechten Seite aus entlang der Aussenkante absteppen.

Für Wasserratten

Barett • 6 bis 12 Monate • Vorlage 9 auf Bogen A

Material:
- 45 x 45 cm Baumwollstoff in Türkis mit Nixen-motiven
- 15 x 40 cm Bündchenware in Grün

Zuschneiden

Aus Baumwollstoff:
- Kopfteil: 1-mal im Stoffbruch

Aus Bündchenware:
- 1 Streifen à 11 x 35 cm

So wird's gemacht

Jersey- oder Bündchenstoffe immer mit einem elastischen Stich nähen, entweder einem leich-ten Zickzackstich (Stichlänge 3, Stichbreite 1) oder mit der Overlockmaschine, dabei eine Jer-seynadel verwenden.

Ringsum das Kopfteil in der größten Sticheinstel-lung nähen: 1-mal 0,5 cm breit, 1-mal mit 1,5 cm Abstand zur Kante. Die Nahtenden nicht verrie-geln! An den Garnenden ziehen und den Kreis auf ca. 40 cm Umfang einkräuseln, siehe auch Seite 48.

Am Bündchenstreifen die kurzen Kanten rechts auf rechts zusammennähen. Nun das Bündchen längs links auf links falten, sodass die beiden noch offenen Längskanten aufeinanderliegen. Das Bündchen bügeln.

Dann das Bündchen gedehnt auf die rechte Seite des Baretts stecken, sodass die Schnittkanten von Bündchen und Kopfteil aufeinanderliegen.

Dafür jeweils eine Viertel der Weite markieren, siehe Seite 47.

Das Bündchen an die Mütze nähen, dabei einen elastischen Stich verwenden und das Bündchen beim Annähen dehnen. Die Kräuselfäden entfer-nen und die Schnittkanten zusammengefasst versäubern.

Blütenzauber

Material:
- 50 x 35 cm Baumwolljersey in Rosa mit Blumenmotiven
- 15 x 40 cm Bündchenware in Rot

Zuschneiden

Aus Jersey:
- Beanieteil: 2-mal

Aus Bündchenware:
- 1 Streifen à 11 x 37 cm

So wird's gemacht

Jerseystoffe immer mit einem elastischen Stich nähen, entweder mit einem leichten Zickzackstich (Stichlänge 3, Stichbreite 1) oder mit der Overlockmaschine, dabei eine Jerseynadel verwenden.

Jerseystoffe müssen meist nicht versäubert werden. Haben Sie aber die Befürchtung, dass Ihr Stoff ausfransen könnte, versäubern Sie die Kanten jeweils, nachdem Sie die Naht geschlossen haben.

Beide Beanieteile rechts auf rechts legen und ringsum zusammennähen, die untere gerade Kante bleibt offen.

Beanie wenden und bügeln.

Am Bündchenstreifen die kurzen Kanten rechts auf rechts aufeinanderlegen und zusammennähen. Nun das Bündchen längs links auf links falten, sodass die beiden noch offenen Längskanten aufeinanderliegen und den Bruch einbügeln.

Das Bündchen auf die rechte Seite der Mütze stecken, sodass die Schnittkanten von Bündchen und Mütze aufeinanderliegen. Dafür an Mütze und Bündchen jeweils ¼ der Weite markieren, siehe Seite 47, und das Bündchen dehnen, sodass die Mehrweite des Jerseys gleichmäßig verteilt wird.

Das Bündchen an die Mütze nähen, dabei gut dehnen, sodass der Jersey glatt auf dem Bündchen liegt. Den Zipfel der Mütze verknoten.

3 bis 6
Monate

Auf den Punkt gebracht

Nickimütze • 3 bis 6 Monate • Vorlage 7 auf Bogen A

Material:
- 45 x 35 cm Nicki in Grau mit grünen Pünktchen
- Zwillingsnadel für Jersey

Zuschneiden
- Mützenteil: 1-mal im Stoffbruch

So wird's gemacht

Jerseystoffe immer mit einem elastischen Stich nähen, entweder mit einem leichten Zickzackstich (Stichlänge 3, Stichbreite 1) oder mit der Overlockmaschine, dabei eine Jerseynadel verwenden.

Mütze entlang des Stoffbruchs rechts auf rechts falten. Die offene Seitenkante von oben (= Spitze) bis unten zusammennähen. An der gegenüberliegenden Seite die gebogene Kante oberhalb des Stoffbruchs zusammennähen.

Nun die Mütze so falten, dass die beiden Nähte rechts auf rechts aufeinanderliegen. Die noch offenen gebogenen Kanten fortlaufend über die (mittig liegende) Naht zusammennähen.

Den Saum 8 cm zur linken Seite umfalten und bügeln.

Mit der Zwillingsnadel von der rechten Seite aus den Saum 7,5 cm neben der Kante festnähen (Achtung! Geradstich einstellen!). Mütze wenden und bügeln.

Den gedoppelten Saum 4 cm nach oben umschlagen und leicht bügeln.

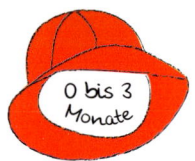

Spitzenmäßig abgeschirmt

Bonnet mit Blümchen • 0 bis 3 Monate • Vorlagen 2A, 2B und Zuschneideplan 2C auf Bogen A

Material:
- 25 x 80 cm Baumwollstoff in Hellblau mit Blümchenmotiven
- 70 cm Schrägband in Hellblau, vorgefalzt, fertige Breite = 1 cm
- 40 cm Baumwollklöppelspitze, ca. 1,5 cm breit

Zuschneiden

Siehe auch Zuschneideplan 2C auf Bogen A.
- Vorderteil A: 2-mal im Stoffbruch
- Rückteil B: 1-mal im Stoffbruch

So wird's gemacht

Auf einen der beiden Vorderteilzuschnitte im Abstand von 1,5 cm von der geraden Kante auf der rechten Seite die Klöppelspitze platzieren und feststeppen.

Beide Vorderteilzuschnitte rechts auf rechts aufeinanderlegen und zusammennähen, die gerade Kante bleibt offen.

Die Nahtzugaben einschneiden, siehe Seite 46, das Teil wenden und sorgfältig bügeln.

An der gerundeten Kante des Rückteilzuschnitts mit der größten Sticheinstellung entlangnähen:

1-mal 0,5 cm breit, 1-mal mit 1,5 cm Abstand zur Kante. Die Nahtenden nicht verriegeln! An den Garnenden ziehen und die Kante auf ca. 35 cm Umfang einkräuseln, siehe auch Seite 48.

Das Vorderteil rechts auf rechts an die geraffte Kante des Rückteils stecken, die vorderen Mitten sind bündig, die Kräuselung sollte möglichst gleichmäßig verteilt sein.

Zusammennähen und die Nahtzugaben zusammengefasst versäubern.

Am Rückteil an der geraden Kante in der größten Sticheinstellung entlangnähen: 1-mal 0,5 cm breit, 1-mal mit 1,5 cm Abstand zur Kante. Die Nahtenden nicht verriegeln! An den Garnenden ziehen und die Kante auf ca. 6 cm einkräuseln.

Das Schrägband in der Mitte auseinanderfalten und rechts auf rechts an die Unterkante der Haube stecken (Schrägbandmitte und Mitte der Unterkante treffen aufeinander, Enden stehen über = Bindebänder) und annähen. Das Schrägband wieder zusammenfalten und von rechts knappkantig festnähen, fortlaufend auch die Bindebänder zusammennähen.

Für wilde Ausritte

Zipfelmütze • 3 bis 6 Monate • Vorlage 8 auf Bogen A

Material:
- 50 x 45 cm Baumwolljersey in Lila mit Pferde-motiven
- 10 x 35 cm Bündchenware in Weiß

Zuschneiden

Aus Baumwolljersey:
- Mützenteil: 2-mal

Aus Bündchenware:
- 1 Streifen à 9 x 35 cm

So wird's gemacht

Jerseystoffe immer mit einem elastischen Stich nähen, entweder mit einem leichten Zickzackstich (Stichlänge 3, Stichbreite 1) oder mit der Overlockmaschine, dabei eine Jerseynadel verwenden.

Jerseystoffe müssen meist nicht versäubert werden. Haben Sie aber die Befürchtung, dass Ihr Stoff ausfransen könnte, versäubern Sie die Kanten jeweils, nachdem Sie die Naht geschlossen haben. Beide Mützenteile rechts auf rechts legen und ringsum zusammennähen, nur die untere gerade Kante bleibt offen.

Die Mütze wenden und bügeln.

Am Bündchenstreifen die kurzen Kanten rechts auf rechts aufeinanderlegen und zusammennähen. Nun das Bündchen längs links auf links falten, sodass die beiden noch offenen Längskanten aufeinanderliegen. Das Bündchen bügeln.

Das Bündchen auf die rechte Seite der Mütze stecken, sodass die Schnittkanten von Bündchen und Mütze aufeinanderliegen. Dafür an Mütze und Bündchen jeweils ¼ der Weite markieren, siehe Seite 47, und das Bündchen dehnen, sodass die Mehrweite des Jerseys gleichmäßig verteilt wird.

Das Bündchen an die Mütze nähen, dabei ebenfalls gut dehnen, sodass der Jersey glatt auf dem Bündchen liegt. Den Zipfel der Mütze verknoten.

Blütenpracht

Blumenhaube • 12 bis 24 Monate • Vorlage 17A und 17B auf Bogen B

Material:
- 35 x 50 cm Interlock in Dunkelgrau mit Blumenmotiven
- 35 x 50 cm Baumwollstoff in Pink (Futter)

Zuschneiden

Aus Interlock und Baumwollstoff jeweils:
- Seitenteil A: 2-mal
- Mittelteil B: 1-mal

Aus Baumwollstoff zusätzlich:
- 2 Bindebänder à 4 x 30 cm

So wird's gemacht

Jerseystoffe immer mit einem elastischen Stich nähen, entweder mit einem leichten Zickzackstich (Stichlänge 3, Stichbreite 1) oder mit der Overlockmaschine, dabei eine Jerseynadel verwenden. Die Seitenteile an das Mittelteil nähen. Die Längskanten des Mittelteils werden dabei rechts auf rechts zwischen ★ und ◆ an die gerundete Kanten der Seitenteile genäht. Die Nahtzugaben auseinanderbügeln. Mit den Zuschnitten aus Baum-wollstoff genauso verfahren, hier jedoch eine Wendeöffnung von ca. 5 cm offen lassen.

Für die Bindebänder die Baumwollstreifen der Länge nach zur Hälfte falten und bügeln. Wieder aufklappen und die Längsseiten zum mittigen Falz hin falten und bügeln, dabei darauf achten, dass der mittige Falz nicht herausgebügelt wird. Band zusammenklappen, sodass nun die Bruchkanten bündig aufeinanderliegen und nochmals bügeln, siehe auch Seite 46. Die Bänder an den offenen Bruchkanten knappkantig absteppen.

Die Bindebänder wie in der Vorlage eingezeichnet auf die Haube aus Oberstoff stecken, die Schnittkanten liegen in etwa bündig aufeinander, die Bänder zeigen zur Haube hin.

Futter und Oberstoff rechts auf rechts übereinanderziehen, entlang der offenen Kanten zusammennähen (hierbei werden die Enden der Bindebänder mitgefasst). Durch die Wendeöffnung wenden, bügeln und die Wendeöffnung von Hand schließen. Ringsum knappkantig von der rechten Seite aus entlang der Aussenkante absteppen.

Angesagt

Material:
- 30 x 55 cm Baumwolljersey in Grau mit weißen Punkten
- 15 x 40 cm Bündchenware in Weinrot

Zuschneiden

Aus Jersey:
- Beanieteil: 2-mal

Aus Bündchenware:
- 1 Streifen à 10 x 37 cm

So wird's gemacht

Jerseystoffe immer mit einem elastischen Stich nähen, entweder mit einem leichten Zickzackstich (Stichlänge 3, Stichbreite 1) oder mit der Overlockmaschine, dabei eine Jerseynadel verwenden. Jerseystoffe müssen meist nicht versäubert werden. Haben Sie aber die Befürchtung, dass Ihr Stoff ausfransen könnte, versäubern Sie die Kanten jeweils, nachdem Sie die Naht geschlossen haben. Beide Beanieteile rechts auf rechts legen und ringsum zusammennähen, die untere gerade Kante bleibt offen.

Wenden und bügeln.

Am Bündchenstreifen die schmalen Kanten rechts auf rechts aufeinanderlegen und zusammennähen. Nun das Bündchen längs links auf links falten, sodass die beiden noch offenen Längskanten aufeinanderliegen. Den Bruch einbügeln.

Bündchen auf die rechte Seite der Mütze stecken, sodass die Schnittkanten von Bündchen und Mütze aufeinanderliegen. Dafür an Mütze und Bündchen jeweils ¼ der Weite markieren, siehe Seite 47, und das Bündchen dehnen, sodass die Mehrweite des Jerseys gleichmäßig verteilt wird.

Das Bündchen an die Mütze nähen, dabei ebenfalls gut dehnen, sodass der Jersey glatt auf dem Bündchen liegt.

Kuscheliger Rundumschutz

Gugel · 12 bis 24 Monate · Vorlage 13A und Zuschneideplan 13B auf Bogen B

Material:
- 65 cm Fleece in Grün mit Waldtieren, 150 cm breit (bei 140 cm Stoffbreite: 75 cm)

Zuschneiden

Siehe auch Zuschneideplan auf Bogen B.
- Seitenteil: 2-mal

> Gugel? Was ist eigentlich eine Gugel? Wer bei diesem Foto an einen kleinen Robin Hood denkt, der liegt gar nicht so daneben, denn diese Kopfbedeckung stammt ursprünglich aus dem Mittelalter. Im 14. Jahrhundert begannen die edlen Damen und Herren die Gugel zu tragen, die bis dahin nur ein praktisches Kleidungsstück der Bauern gewesen war. Für die Adligen wurde sie oft aus bunten Stoffen und mit fantasievollen Verzierungen und Applikationen genäht.

So wird's gemacht

Beide Zuschnitte rechts auf rechts legen und zwischen ★ und ★ sowie zwischen ◆ und ◆ zusammennähen, die untere, gebogene Kante sowie die gerade Kante vorne (Gesichtsöffnung) bleiben offen.

Die offenen Kanten 3 cm nach links umfalten, vorsichtig bügeln und von rechts mit 2,5 cm Abstand zur Kante festnähen.

Gugel wenden und vorsichtig bügeln. Achtung! Fleece immer nur auf niedriger Temperatur bügeln!

12 bis 24 Monate

Gekonnt umwickelt

Kopftuch • 12 bis 24 Monate • Vorlage 19 auf Bogen B

Material:
• 35 x 45 cm Baumwollstoff in Gelb mit Muster
• 16 cm Gummiband, 2 cm breit

Zuschneiden
• Kopftuch: 1-mal im Stoffbruch
• 1 Streifen à 7 x 22 cm (Tunnel für Gummiband)

So wird's gemacht
Am Streifen für den Tunnel die Längsseiten rechts auf rechts aufeinanderlegen und zusammennähen. Den Streifen wenden, siehe Seite 48. So bügeln, dass die Naht an einer Längskante liegt. Das Gummiband durch den Tunnel ziehen und an beiden Enden mit einigen Geradstichen sichern (Gummiband ist kürzer als der Tunnel!).

Die leicht gebogenen Kanten des Kopftuchs 2-mal 0,5 cm breit zur linken Seite umbügeln. Die gerade Kante 1-mal 0,5 cm und dann nochmals 2,5 cm zur linken Seite umbügeln.
Die Umbrüche wieder auffalten und den Tunnel wie eingezeichnet auf der rechten Seite des Kopftuchs platzieren, dabei liegt die Naht Richtung Kopftuch. Die beiden Tunnelenden jeweils zwischen den Zeichen ◆ aufnähen (Achtung: Tunnel ist schmaler als das Kopftuch!)
Den Gummibandtunnel nach unten klappen.
Die umgebügelten Kanten wieder nach links umschlagen, zuerst die gebogenen Kanten, dann die gerade Kante und ringsum knappkantig festnähen.

6 bis 12 Monate

Grüße von Meister Petz

Mütze mit Bärenohren • 6 bis 12 Monate • Vorlage 12 auf Bogen B

Material:
- 25 x 50 cm Baumwolljersey mit Punkten
- Zwillingsnadel für Jersey

Zuschneiden
- Mützenteil: 2-mal im Stoffbruch

So wird's gemacht

Jerseystoffe immer mit einem elastischen Stich nähen, entweder mit einem leichten Zickzackstich (Stichlänge 3, Stichbreite 1) oder mit der Overlockmaschine, dabei eine Jerseynadel verwenden. Jerseystoffe müssen meist nicht versäubert werden. Haben Sie aber die Befürchtung, dass Ihr Stoff ausfransen könnte, versäubern Sie die Kanten jeweils, nachdem Sie die Naht geschlossen haben.

Beide Mützenteile rechts auf rechts legen und ringsum zusammennähen, die untere gerade Kante bleibt offen.

Den Saum 4 cm zur linken Seite umfalten und bügeln.

Mütze wenden und bügeln.

Mit der Zwillingsnadel von der rechten Seite aus den Saum mit 3,5 cm Abstand zur Kante festnähen (Achtung! Geradstich einstellen!)

Zum Anbeißen

Material:
• 35 x 105 cm Baumwollstoff in Graublau
  mit Kirschmotiven
• 35 x 105 cm Baumwollstoff in Pink
  (Bindeband und Futter)
• 50 cm Satinband, 0,5 cm breit

Zuschneiden

Aus Baumwollstoff in Graublau:
• 2 Quadrate à 25 x 25 cm
• 1 Rüschenstreifen à 6 x 100 cm

Aus Baumwollstoff in Pink:
• 1 Bindeband à 5 x 100 cm
• 2 Quadrate à 25 x 25 cm

So wird's gemacht

Jeweils zwei Quadrate in gleicher Farbe rechts auf rechts aufeinanderlegen, die obere Naht schließen (bei Stoffen mit Muster auf die Musterrichtung achten!) und so zu einem Rechteck zusammennähen. Die Nahtzugaben auseinanderbügeln. Am Rüschenstreifen die Längskanten rechts auf rechts aufeinanderlegen und jeweils die kurzen Seiten zusammennähen. Die Rüsche wenden und bügeln. Die offenen Längskanten 1-mal 0,5 cm breit, 1-mal mit 1,5 cm Abstand zur Kante aufeinandernähen. Die Nahtenden nicht verriegeln! An den Garnenden ziehen und die Rüsche auf ca. 46 cm Länge einkräuseln, siehe auch Seite 48. Die Rüsche rechts auf rechts auf die lange Seite des blauen Rechtecks legen. Die Rüsche zeigt dabei in das Rechteck hinein, die Schnittkanten liegen bündig aufeinander. An beiden Enden steht das Rechteck 1 cm über. Die Rüsche ca. 0,75 cm (füßchenbreit) von der Kante entfernt aufnähen.

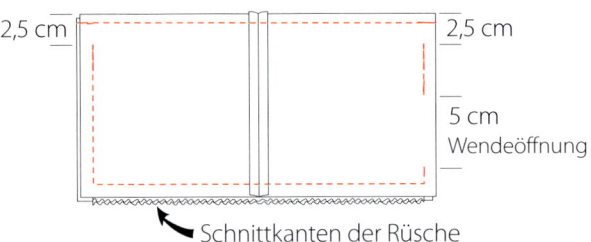

Schnittkanten der Rüsche

Das zweite Rechteck rechts auf rechts auf das erste legen, die Rüsche liegt zwischen beiden Teilen. Ringsum zusammennähen, dabei wie in der Abbildung zu sehen an den kurzen Seiten jeweils 2,5 cm vor der Ecke verriegeln und eine Öffnung für den Tunneldurchzug frei lassen. Ebenso eine Wendeöffnung von ca. 5 cm offen lassen.
Durch die Wendeöffnung wenden, bügeln und die Öffnung von Hand schließen.
Für den Tunneldurchzug die Längskante gegenüber der Rüsche im Abstand von 1,5 cm zur Kante absteppen.
Den Streifen für das Bindeband in Längsrichtung links auf links zur Hälfte falten und den Bruch leicht einbügeln. Wieder aufklappen und die Längsseiten zum mittigen Falz hin falten und bügeln, dabei darauf achten, dass der mittige Falz nicht herausgebügelt wird. Den Streifen zusam-

menklappen, sodass nun die äußeren Bruchkanten übereinanderliegen.

Das Band mit 2 cm Abstand parallel zur Rüschen-
kante auf das Rechteck stecken (dabei trifft die
Bandmitte auf die Mittelnaht) und an beiden
Längskanten knappkantig aufsteppen sowie an
beiden Seiten (hier steht das Band gleichmäßig
über = Bindebänder) auch über das Rechteck hin-
aus nur die Bandkanten absteppen.

Das Satinband durch den Tunnelzug fädeln und
den Tunnel so stark wie möglich zusammenraffen,
die Enden des Bandes zu einer Schleife binden
und eventuell kürzen.

Gut bei Sonne und Wind

Sonnenhut in Orange · 0 bis 3 Monate · Vorlagen 1A bis 1C und Zuschneideplan 1D auf Bogen A

Material:
- 25 cm Baumwollstoff in Orange mit Blümchen- und Obstmotiven, 140 cm breit
- 60 cm Schrägband in Weiß, nicht vorgefalzt, 4 cm breit

Zuschneiden

Siehe auch Zuschneideplan 1D auf Bogen A.
- Kopfteil A: 6-mal
- Krempe B: 2-mal im Stoffbruch
- Ohrenklappe C: 4-mal
- Bindebänder: 2-mal 4 x 30 cm

So wird's gemacht

Je 2x 2 Kopfteile rechts auf rechts legen und an einer Seitenkante zusammennähen, die Nahtzugaben zusammengefasst versäubern und in eine Richtung bügeln. Die Nahtzugaben von der rechten Seite knappkantig neben der Naht feststeppen.

Anschließend jeweils ein weiteres Teil rechts auf rechts an eine Seitenkante der bereits zusammengesetzten Teile nähen. Die Nahtzugaben versäubern und die Nähte absteppen wie oben beschrieben.

Dann beide zusammengesetzten Teile rechts auf rechts legen und die Mittelnaht steppen. Die Nahtzugaben wie vorher versäubern und absteppen.

An den Krempenzuschnitten jeweils die geraden Kanten (= rückwärtige Mitten) rechts auf rechts aufeinanderlegen und zusammennähen. Die Nahtzugaben auseinanderbügeln.

Die Krempenzuschnitte rechts auf rechts legen und an der Außenkante ringsum zusammennähen. Die Nahtzugaben einschneiden, siehe Seite 46. Die Krempe auf rechts wenden und bügeln. Die Außenkante füßchenbreit absteppen.

Die Krempe glatt streichen und die Innenkanten mit schmalem Zickzackstich innerhalb der Nahtzugaben aufeinandernähen.

Die Krempe rechts auf rechts rings um das Kopfteil stecken und die Teile zusammennähen, dabei trifft die Krempennaht auf eine Naht des Kopfteils.

Die Zuschnitte für die Bindebänder in Längsrichtung links auf links zur Hälfte falten und den Bruch leicht einbügeln. Wieder aufklappen und die Längsseiten zum mittigen Falz hin falten und bügeln, dabei darauf achten, dass der mittige Falz nicht herausgebügelt wird. Den Streifen zusammenklappen, sodass nun die äußeren Bruchkanten übereinanderliegen. Das Band entlang der offenen Bruchkanten knappkantig zusammensteppen.

Jeweils 2 Ohrenklappenzuschnitte rechts auf rechts legen, ein Bindeband an der gerundeten Kante mittig zwischenfassen (die Schnittkanten liegen bündig, das Bindeband liegt auf dem Stoff).

Nahtzugaben einschneiden, wenden und bügeln. Die Enden der Kinnbänder verknoten.

Die Ohrenklappen an die Innenkante der Krempe nähen (siehe Vorlage, dabei liegen die offenen Kanten aufeinander, die Ohrenklappen liegen auf der Krempe)

Das Schrägband der Länge nach falten und bügeln, dabei darauf achten, es nicht zu verziehen.

Das Schrägband mit den offenen Kanten innen ringsum an die offene Kante der Krempe heften, dabei am Anfang das Schrägband auseinanderfalten, das schmale Ende 1 cm breit nach links einschlagen, dann das Schrägband wieder in der Mitte falten. Am Ende den Streifen in den Anfang schieben und etwas überlappend abschneiden. Das Schrägband annähen, die Nahtzugaben auf 0,5 cm zurückschneiden und Nahtzugaben und Schrägband Richtung Kopfteil klappen/bügeln. Die Bruchkante des Schrägbands schmal aufsteppen.

6 bis 12 Monate

Hier gibt's was auf die Ohren

Haube mit Füchsen • 6 bis 12 Monate • Vorlage 10A und 10B auf Bogen A

Material:
- 35 x 50 cm Baumwolljersey in Türkis mit Fuchsmotiven
- 35 x 50 cm feiner Baumwollfrottier in Grau

Zuschneiden

Aus Jersey und Frottier jeweils:
- Seitenteil A: 2-mal
- Mittelteil B: 1-mal

So wird's gemacht

Jerseystoffe immer mit einem elastischen Stich nähen, entweder mit einem leichten Zickzackstich (Stichlänge 3, Stichbreite 1) oder mit der Overlockmaschine, dabei eine Jerseynadel verwenden.

Die Seitenteile an das Mittelteil nähen. Die Längskanten des Mittelteils werden dabei rechts auf rechts zwischen ★ und ◆ an die gerundeten Kanten der Seitenteile genäht. Die Nahtzugaben auseinanderbügeln.

Mit den Zuschnitten aus Frottier genauso verfahren, hier jedoch eine Wendeöffnung von ca. 5 cm offen lassen.

Futter und Oberstoff rechts auf rechts übereinanderziehen und die offenen Kanten rundum zusammennähen. Die Nahtzugaben einschneiden, siehe Seite 46, dann die Haube durch die Wendeöffnung wenden, bügeln und die Wendeöffnung von Hand schließen.

Ringsum füßchenbreit von der rechten Seite aus entlang der Aussenkante absteppen.

12 bis 24 Monate

Wild und gefährlich

Beanie mit 2 Knoten • 12 bis 24 Monate • Vorlage 15 auf Bogen B

Material:

- 45 x 65 cm Baumwoll-Ringeljersey mit Piratenmotiven
- Zwillingsnadel für Jersey

Zuschneiden

- Beanieteil: 2-mal im Stoffbruch

So wird's gemacht

Jerseystoffe immer mit einem elastischen Stich nähen, entweder mit einem leichten Zickzackstich (Stichlänge 3, Stichbreite 1) oder mit der Overlock-maschine, dabei eine Jerseynadel verwenden.
Jerseystoffe müssen meist nicht versäubert werden. Haben Sie aber die Befürchtung, dass Ihr Stoff ausfransen könnte, versäubern Sie die Kanten jeweils, nachdem Sie die Naht geschlossen haben.
Beide Beanieteile rechts auf rechts legen und ringsum zusammennähen, die untere gerade Kante bleibt offen.
Den Saum 8 cm zur linken Seite umfalten und bügeln. Mütze wenden und bügeln.

Mit der Zwillingsnadel von der rechten Seite aus den Saum mit 7,5 cm Abstand zur Kante fest-nähen. (Achtung! Geradstich einstellen!) Die beiden Zipfel jeweils verknoten, den Saum 4 cm zur rechten Seite umschlagen und bügeln.

Grundbegriffe des Nähens

Bügeln

Vor Beginn der Näharbeiten und zwischen den einzelnen Arbeitsschritten die Stoffe stets bügeln. Vorsicht bei synthetischen oder empfindlichen Qualitäten: diese sicherheitshalber mit einem sauberen Baumwolltuch abdecken. Um Wiederholungen zu vermeiden, wird bei den Anleitungen auf das Bügeln nicht immer hingewiesen.

Fadenspannung

Die Fadenspannung der Nähmaschine muss je nach Stoffart reguliert werden. Andernfalls können Schlaufen in Unter- oder Oberfaden entstehen. Deshalb am besten immer erst eine Probenaht nähen.

Geradstich

Der Geradstich ist der grundlegende Nutzstich beim Nähmaschinennähen. Das Nähen mit dem Geradstich heißt auch „Steppen". Die Stichlänge ist variabel einstellbar. Je länger der Stich, desto lockerer fällt die Naht aus.

Heften und Stecken

Stoffteile vor dem Nähen stets mit Nadeln fixieren bzw. von Hand heften. Auf diese Weise wird verhindert, dass die Stoffteile beim Nähen verrutschen oder ungewollte Falten werfen.

Fadenlauf

Bei allen Stoffen verläuft der Fadenlauf parallel zur Stoffballenkante, bei Strickware müsste man diese Laufrichtung korrekterweise Maschenlauf nennen. Beim Zuschnitt legen Sie den im Schnittmuster eingezeichneten Fadenlauf parallel zur Stoffkante.

Nahtzugabe

Wird ein Stoff zu nah an der Kante genäht, reißen Stoff und Naht leicht ein. Deswegen wird beim Zuschnitt meist eine Nahtzugabe hinzugerechnet; bei den hier gezeigten Modellen beträgt diese in der Regel 1 cm, falls nicht anders angegeben. In den Vorlagen sind die Nahtzugaben bereits enthalten.

Rechte und linke Stoffseite

Jeder Stoff hat eine rechte und eine linke Stoffseite. Die rechte Seite entspricht der Schauseite, also der Außenseite des Stoffes. Bei Druckstoffen ist diese recht einfach zu erkennen, da hier das Muster deutlicher ist. Wenn es also heißt „die Stoffteile rechts auf rechts legen", zeigen die

Grundmaterial

Nähmaschine	Stift
passendes Nähgarn	Schneiderkreide
Nähnadeln	Stoffschere
Stecknadeln	Nahttrenner
kleine Stickschere	Maßband
Schnittmusterpapier	Bügeleisen

Hinweis: Diese Grundmaterialien werden vorausgesetzt und sind in den Anleitungen nicht gesondert aufgeführt.

rechten Schauseiten nach innen und die linken Seiten nach außen. Heißt es hingegen „links auf links", zeigen die rechten Seiten nach außen und die linken Seiten nach innen.

Schnittmuster, Vorlagen

Die originalgroßen Vorlagen finden Sie auf dem Arbeitsbogen. Am besten die Vorlagen immer auf Seidenpapier, Transparentpapier oder Schnittmusterfolie abpausen. Dabei ggf. die Markierungen mit übertragen. Möchten Sie halb gezeichnete Schnittmuster komplett abpausen, falten Sie ein entsprechend großes Papier zur Hälfte. Legen Sie den Falz an den eingezeichneten Stoffbruch, zeichnen die Vorlage ab und schneiden sie aus dem noch gefalteten Papier aus.

Für Kinn- und Bindebänder werden Streifen benötigt, deren Maße bei den einzelnen Anleitungen unter „Zuschneiden" aufgeführt sind.

Stoffbruch

Bei einer gefalteten Stofflage entsteht eine Faltkante, die als Stoffbruch oder Bruchkante bezeichnet wird. An einem Schnittteil bezeichnet der Stoffbruch in der Regel die Mitte des Teils. Der Stoffbruch ist

bei den Vorlagen dieses Buches als Punkt-Strich-Linie dargestellt. Diese Kante des Schnittteils wird dann beim Zuschneiden ohne Nahtzugabe genau auf die gefaltete Stoffkante gelegt. Ist der Zuschnitt schwieriger, gibt es auf dem Bogen einen Zuschneideplan, der zeigt, wie die Schnittteile aufgelegt werden sollen.

Zickzackstich

Ein wichtiger Nutzstich beim Nähmaschinennähen ist der Zickzackstich. Er wird unter anderem zum Versäubern der Schnittkanten verwendet. Stichbreite und Stichlänge lassen sich verändern. Zickzackstiche sind auch elastisch und können daher zum Nähen von elastischen Stoffen wie Jersey verwendet werden.

Grundtechniken des Nähens

Nähte sichern/verriegeln

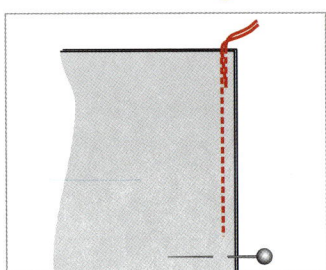

Eine Nähmaschinennaht muss am Anfang und Ende vernäht, also "verriegelt", werden, sonst löst sie sich auf. Am Nahtbeginn drei bis vier Stiche vorwärts, dann rückwärts und anschließend wieder vorwärts nähen. Am Nahtende gegengleich verfahren.

Verstürzte Naht: Rundungen

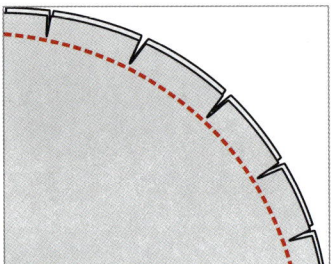

Bei Rundungen die Nahtzugaben vor dem Wenden in kleinen Abständen bis ca. 1 mm vor die Naht einschneiden. Nur so liegt die Kante nach dem Verstürzen schön flach, da sich die Mehrweite der Nahtzugaben etwas übereinanderschieben kann.

Überwendlichstich

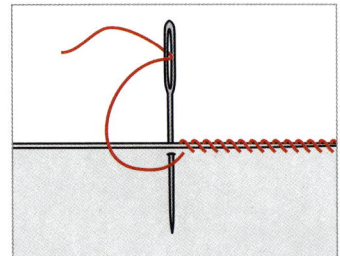

Dieser Handstich wird beim Verschließen einer Wendeöffnung eingesetzt. Die Nadel sticht knapp am Rand senkrecht durch die Kanten. Die sehr kleinen Stiche sind durch Schrägfäden miteinander verbunden. Nahtanfang und -ende stets gut sichern.

Kinnbänder anfertigen

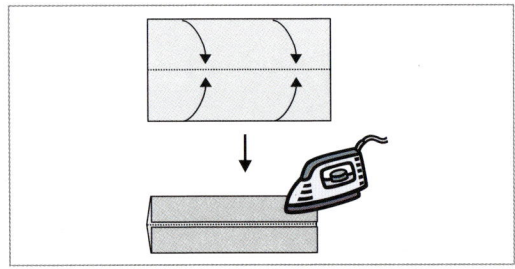

Die Zuschnitte für die Kinnbänder in Längsrichtung links auf links zur Hälfte falten und den Bruch leicht einbügeln. Wieder aufklappen und die Längsseiten zum mittigen Falz hin falten und bügeln, dabei darauf achten, dass der mittige Falz nicht herausgebügelt wird.

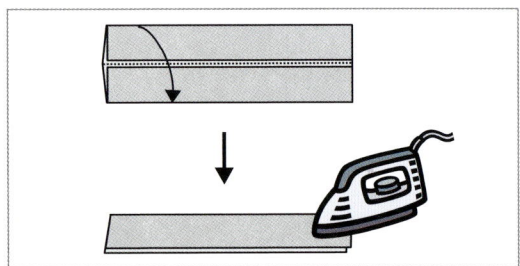

Den Streifen zusammenklappen, sodass nun die äußeren Bruchkanten übereinanderliegen und erneut bügeln. Das Band entlang der offenen Bruchkanten knappkantig zusammensteppen.

Schrägstreifen zuschneiden und zusammennähen

Markieren von einem Viertel der Weite

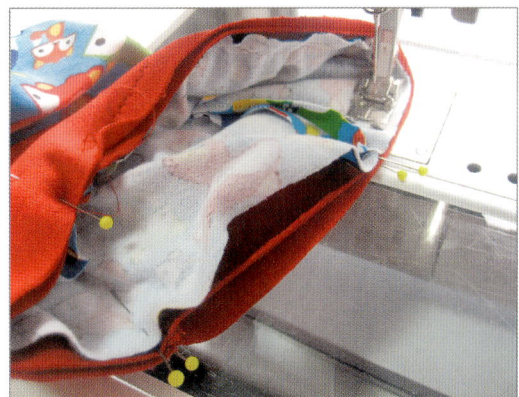

Schrägstreifen werden im 45°-Winkel zum Fadenlauf in der gewünschten Breite zugeschnitten. Um einen langen Schrägstreifen zu erhalten, kann man mehrere kürzere Zuschnitte zusammennähen, dabei sollten die kurzen Ansatzkanten im 45°-Winkel zum Streifen geschnitten sein.

Anschließend wird der Schrägstreifen wie bei den Kinnbändern beschrieben gebügelt. Man kann hierfür auch einen Schrägbandformer verwenden.

Die entsprechenden Teile 2-mal zur Hälfte falten (vierteln), die Bruchkanten mit Stecknadeln markieren und wieder auffalten.

Beim Zusammennähen treffen jeweils die zwei Stecknadeln von beiden Teilen aufeinander, somit wird die Weite ringsum gleichmäßig verteilt.

Grundtechniken des Nähens

Streifen wenden

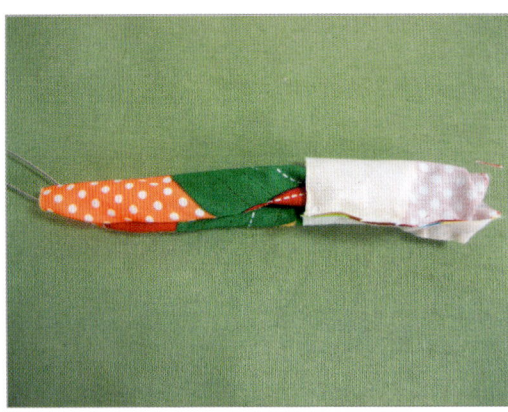

Einkräuseln

Um einen Streifen einfacher wenden zu können, wird eine große Sicherheitsnadel an einem Ende des Streifens an einer Stofflage befestigt.

Die Sicherheitsnadel wird dann zwischen die beiden Stofflagen geführt und nun Stück für Stück durch den Schlauch geschoben, bis sie am anderen Ende wieder herauskommt und der Streifen durchgezogen werden kann.

Zum Einkräuseln 2-mal parallel zu der einzukräuselnden Kante in der größten Sticheinstellung entlangnähen: 1-mal mit 0,5 cm, 1-mal mit 1,5 cm Abstand zur Kante.

Die Nahtenden nicht verriegeln und die Garnenden nicht abschneiden! An den Garnenden ziehen und so den Stoff auf die gewünschte Länge einkräuseln.